AF263454

L'EMPIRE

ET

LA RÉVOLUTION

PARIS

IMPRIMERIE DE L. TINTERLIN ET Ce
rue Neuve-des-Bons-Enfants, 3

L'EMPIRE

ET

LA RÉVOLUTION

PAR

H.-MARIE MARTIN

DEUXIÈME ÉDITION

PARIS

E. DENTU, LIBRAIRE-ÉDITEUR,

PALAIS-ROYAL, 13 ET 17, GALERIE D'ORLÉANS

—

1861

Tous droits réservés.

L'EMPIRE ET LA RÉVOLUTION

I

L'Empire est-ce la Révolution?

Quels sont les alliés naturels et les vrais amis de l'Empire : les révolutionnaires ou les conservateurs ?

Les discours de la veille, les événements possibles du lendemain, posent devant tous les esprits cette question capitale.

L'Empire est arrivé à un de ces moments décisifs où tout peut dépendre d'un seul acte, d'un seul mot.

Se laissera-t-il entraîner, comme malgré lui, du côté de la Révolution? Les conseils les plus éminents l'y poussent.

Prendra-t-il enfin hardiment parti pour Rome, pour

la Papauté, pour la puissance qui est par excellence l'antagoniste de la Révolution, le plus respectable fondement de l'ordre et le rempart de la vraie liberté en Europe? C'est ce que demandent des voix pleines d'autorité; c'est ce que veut la partie croyante de la nation.

Dans une question si grave, comment se fait-il qu'il y ait doute sur les intentions de l'Empire ?

En attendant, il a lui-même appelé la discussion au sein des Chambres et provoqué l'expression de l'opinion publique.

A chacun donc de faire son devoir en disant tout haut ce qu'il pense. Des applaudissements perpétuels ne sont pas des avis ; approuver tout, c'est autoriser à croire qu'on n'est convaincu de rien. Le rôle du publiciste, en particulier, n'a plus aucune dignité du jour où il se réduit à l'abstention timide ou à l'approbation quand même.

La grande question de la Papauté se lève de nouveau devant nous : est-ce le moment de se taire ou de parler pour ne rien dire ? Les brochures et les articles sans conclusion seraient-ils de mise aujourd'hui ?

Arrière donc les réticences et les ambages. Et recherchons quels sont les amis les plus éclairés de l'Empire : ou ceux qui lui conseillent de livrer Rome et la Papauté à la prétendue unité italienne, ou ceux qui pensent que le maintien du pouvoir temporel du Pape est, pour la France et pour le monde catholique, un intérêt supérieur à l'ambition piémontaise.

D'un côté c'est la Révolution qui sollicite l'Empire ; de l'autre, c'est l'Empire qui résiste à la Révolution.

II

Et d'abord, qu'est-ce que l'Empire ? Quelle idée représente-t-il ? qui l'a créé ? au nom de quoi a-t-il été acclamé ?

On parle beaucoup de l'origine de l'Empire : on dit qu'il ne peut pas mentir à son principe, ni renier à l'étranger les doctrines d'où il est né en France. Sans doute ; mais en employant ces formules, il ne faudrait pas oublier ni dénaturer le sens véritable de l'origine impériale.

L'Empire appartient-il aux révolutionnaires ? Non ; il s'est fait contre eux.

L'Empire n'est pas né d'un suffrage révolutionnaire, mais d'un suffrage populaire, ce qui est très-différent.

Ce suffrage a été universel, et c'est parce qu'il a été universel qu'il n'a pu être révolutionnaire. La France, universellement consultée, s'est déclarée

contre et non pour la Révolution. Elle s'est prononcée pour l'autorité et pour l'ordre, seules con-
ditions des libertés qu'elle aime; et dans un moment
où la société entière semblait en péril, elle a acclamé
l'héritier de l'homme qui, un demi-siècle aupara-
vant, l'avait sauvée de l'abîme en domptant la Révolution.

Qu'on ne vienne donc pas arguer du suffrage universel pour établir, entre la restauration de l'ordre
en France et le régime révolutionnaire à l'étranger,
une solidarité impossible ou une analogie dont la
fausseté est évidente.

L'Empereur n'a pas été mis à la tête de la Révolution, mais bien à la tête de la France, qui repous-
sait la Révolution chez elle et n'aspirait pas à la favo-
riser chez les autres.

III

Est-il besoin de préciser les souvenirs ? Rappelons-
nous ce que fut le vote du 10 décembre 1848, point
de départ de l'Empire.

D'où est sorti ce vote, sinon de la masse conservatrice ? Qui l'a dicté, sinon l'instinct conservateur de la nation ?

Ne vit-on pas, en effet, les campagnes tout entières et l'immense majorité des électeurs dans les villes voter pour le neveu de l'Empereur ? La France désigna son sauveur par cinq millions et demi de suffrages. Le parti de l'ordre, dans son ensemble, en avait réuni sept millions.

N'était-ce pas là une protestation éclatante contre tout ce qui était révolutionnaire ?

Ne sommes-nous pas en droit de dire que l'Empire, en le prenant à sa véritable naissance, fut le triomphe de la grande cause de l'ordre, de l'autorité, devenus les premiers besoins du pays ?

Il est donc bien vrai que l'Empire est né d'un suffrage universel et populaire ; mais il ne l'est pas moins que ce suffrage fut avant tout conservateur.

Les conservateurs furent les vrais fondateurs de l'Empire.

IV

L'Empire, de son côté, se hâta de répondre par ses discours et par ses actes aux espérances du suffrage national. Depuis la Papauté restaurée à Rome jusqu'à la plus humble église de village reconstruite, il se montra en tout et partout conservateur et catholique. Avec une admirable intelligence de sa situation et des besoins moraux du pays, il a vénéré la croix en même temps qu'il s'appuyait sur l'épée. Il savait que de ces deux forces la première est seule efficace et seule durable : il a donc fait à la religion et à ses ministres une large et juste part. N'était-ce pas d'ailleurs le vrai moyen de combattre la Révolution en ce qu'elle contenait d'éléments subversifs et destructeurs, que de soumettre les âmes à l'influence du dogme qui commande l'obéissance à Dieu et l'obéissance à César?

L'Empire accomplissait sa promesse de faire rentrer la Révolution dans son lit et de replacer la pyramide sur sa base.

Cette politique était un devoir ; elle était de plus une habileté. Elle tendait à rallier peu à peu à l'Empire ce qu'on appelle aujourd'hui les *anciens partis*. Elle provoquait les hommages de ces hommes loyaux qui, tout en conservant au fond du cœur des regrets honorables et une fidélité de bon exemple, se préoccupaient surtout du salut de la société et de la gloire de la France. Reconnaissants des services rendus, ils étaient de plus en plus disposés à prendre leur part des grandes choses accomplies par un Napoléon.

La politique impériale recevait ainsi sa légitime récompense, non-seulement dans les applaudissements de la nation, mais aussi dans le rapprochement des *anciens partis*.

V

Mais, en fait d'anciens partis, il n'en est pas de plus obstiné, de plus exigeant, que celui qui avait prétendu commander à la France en 1848, et qui avait protesté contre l'expédition de Rome. Ce parti-là, on pouvait espérer qu'il diminuerait d'importance et disparaîtrait même à la longue, grâce à l'influence religieuse s'exerçant sur les générations nouvelles ; mais on ne devait pas s'attendre, tant qu'il existerait, à le satisfaire jamais. Les actes de vraie démocratie et de salutaire libéralisme accomplis par l'Empire le déconcertaient, lui enlevaient tout prétexte d'opposition, mais ne le contentaient ni ne le désarmaient entièrement. Ce qu'il détestait au fond dans l'Empire, c'était précisément ce qui constituait la meilleure raison d'être de l'Empire : le rétablissement du principe d'autorité. Ce qu'il ne cessait d'attaquer, c'était la grande et seule force conservatrice : la Religion. Une loi sévère lui interdisant toute parole agressive contre l'Empire, il s'était retourné contre Rome, contre la Papauté.

C'était attaquer tous les trônes à la fois dans le trône le plus sacré, le plus auguste, sur lequel siége le représentant de l'Autorité même. C'était diriger ses coups non-seulement contre une autorité civile et une force matérielle, mais contre une force morale et une autorité divine, gardienne et protectrice séculaire de toutes les autorités légitimes.

La Révolution intelligente savait où frapper. Elle n'a pas manqué à cette révolte qui comprend et entraîne toutes les révoltes.

Et lorsqu'elle affecte de voir dans le souverain de la France, non son dominateur et son maître, mais son général en chef, la Révolution montre une audace qui mérite d'être au plus tôt confondue.

Il importe qu'aux yeux de la France et de l'Europe, Napoléon III demeure le champion de l'ordre et ne passe pas pour le premier serviteur de la Révolution. Il faut que cette prétention calomnieuse soit désavouée, répudiée hautement, et qu'aucune équivoque ne subsiste à cet égard dans l'opinion du monde.

Nous demandons qu'en présence des tentatives faites par les révolutionnaires pour jeter la confusion dans les esprits, une parole ferme soit dite, ou mieux qu'un grand acte soit accompli afin de bien démontrer que la France, libérale et progressive, n'en reste pas moins le soldat de Dieu, le soutien de la Religion, la France de Charlemagne et de saint Louis.

VI

Le moment est venu d'infliger publiquement ce désaveu à la Révolution. Son audace croissante et encouragée, nous le constatons à regret, par de hauts patronages, a rendu cette explication impérieuse et urgente.

Nous avons dit quelle a été la véritable origine de l'Empire. Ses anciens ennemis cependant faussent aujourd'hui cette origine, le flattent pour le gagner et prétendent le confisquer au bénéfice de leurs théories anti-catholiques et de leurs projets révolutionnaires. C'est à l'Empire de se prononcer ouvertement : obligation fatale que lui ont créée non les conservateurs, mais les admirateurs de toutes les révolutions.

Il doit s'en prendre à ceux-ci, et non à ceux-là, si aujourd'hui sa réputation est compromise devant l'opinion incertaine et troublée.

Qu'il se hâte donc de se dégager de toute solidarité avec le parti qui, au nom d'un intérêt secondaire et chimérique, peut-être même funeste à la France, l'excite à livrer Rome et la Papauté, à sacrifier la grande et traditionnelle politique de la France vis-à-vis de l'Église.

VII

Cette question de la Papauté a été en effet l'occasion saisie par les révolutionnaires pour revendiquer en leur faveur la politique de l'Empire ; que cette même question devienne pour l'Empire l'occasion de donner un démenti aux révolutionnaires.

Qu'est-ce donc, en définitive, que cette question de la Papauté ? Quelle agitation a-t-elle en réalité produite en France ? Qui est pour, qui est contre le Pape ? Quel parti l'Empire doit-il adopter ?

La Papauté, nous le répétons, représente l'autorité la plus élevée en Europe. Elle est la clef de voûte de l'édifice. A elle viennent se rattacher tous les principes d'ordre, de justice et de liberté, à l'abri desquels s'est formée et développée la civilisation chrétienne. La Papauté est indestructible de sa nature, parce que, sans elle, le catholicisme n'existerait plus, et que le catholicisme est assuré d'exister toujours. La Papauté est indépendante des événements humains et des accidents terrestres. Vous pouvez lui enlever la pourpre et la tiare ; elle n'en vivra pas moins, couverte de bure et une croix de bois à la main. Sa voix affaiblie, étouffée dans les catacombes, à peine entendue au dehors, ne cesserait pas d'être vénérée par les croyants à qui elle parviendrait encore, et ses malheurs pourraient même lui attirer des respects et des sympathies qui tourneraient à la confusion de ses ennemis et à la gloire de son Dieu.

Mais est-ce à ses disciples dévoués de contribuer à la faire descendre du haut rang auquel l'avaient élevée huit siècles de persécutions et d'enseignements utiles à l'humanité ? Est-ce à la France catholique de renverser ce qu'elle avait édifié ? La France pourrait-elle renoncer à son beau titre de fille aînée de l'Église et rompre avec les traditions qui ont été son honneur et ont fait sa puissance dans le monde ?

Voudrait-elle échanger de telles certitudes contre les promesses illusoires d'un vulgaire rationalisme et d'une démocratie mensongère ? En serait-elle arrivée aujourd'hui à hésiter entre ces deux rôles, l'un si aventureux tout au moins, l'autre seul digne de son passé, seul fécond dans l'avenir ?

Non, ce n'est pas à la France ni aux catholiques de France d'aider à la déchéance de ce pouvoir temporel qui représente et perpétue les conquêtes du Christianisme. La Papauté assise à Rome, c'est le triomphe remporté par l'Évangile sur le paganisme, par la morale chrétienne sur la décadence romaine, par la libre conscience sur le despotisme persécuteur, par la civilisation sur la barbarie, par le droit sur la force. La Papauté souveraine à Rome et de là étendant au monde catholique son gouvernement spirituel, c'est la liberté et la sécurité de nos consciences, c'est la lumière divine assurée à nos enfants, c'est le dogme, c'est la justice, c'est le droit en puissance de s'exprimer librement et de se faire partout entendre.

Voilà ce que c'est que la Papauté affranchie de toute servitude, la Papauté indépendante et maîtresse chez elle, à Rome, dans la ville que lui ont assignée les siècles.

VIII

Eh bien ! cette royauté du successeur de saint Pierre, la révolution ne cesse de la menacer, de l'attaquer. La menace et l'attaque ont redoublé depuis la guerre d'Italie. Le danger était prévu.

Quant à la guerre d'Italie elle-même, rien de plus juste, de plus français. L'Autriche aspirait à dominer sur un peuple qui ne lui appartenait pas. Il y avait usurpation, abus de traités conclus, exagérés, violés même contre la France. Repousser cette usurpation, déchirer ces traités, c'était une œuvre française, patriotique. Délivrer un pays voisin, intéressant et faible, d'un joug étranger, c'était une entreprise noble, généreuse, et, par conséquent, non moins française. L'Autriche n'avait que faire en Italie; l'Empereur a eu mille fois raison de s'élancer contre elle au secours de la nation opprimée et d'ajouter de rapides et brillantes victoires à la gloire de nos armes.

Donc, sur la question de la guerre, pas de dissentiment possible entre l'Empire et les catholiques.

Mais dès le premier moment, les catholiques furent unanimes à signaler un danger. Au milieu de cette Italie qu'on allait remuer pour la délivrer, il y avait les États du Pape, il y avait Rome, qu'il fallait à tout prix sauvegarder; Rome contre laquelle depuis si longtemps et avec tant d'habileté s'acharnait la révolution.

La brochure célèbre qui précéda la guerre avouait le péril :

« Il y a, disait-elle, deux éléments bien distincts dans la question d'Italie : l'élément révolutionnaire, qui correspond à des théories subversives et à des passions violentes, également incompatibles avec l'ordre européen, les lois de la civilisation, l'intérêt religieux et l'indépendance politique de la Papauté; l'élément national, etc. (1). »

____

(1) *L'Empereur Napoléon III et l'Italie*, p. 5.

De ces deux éléments, on voulait satisfaire l'un, contenir et désarmer l'autre.

La France reçut de la bouche même de l'Empereur la confirmation de cette pensée.

« Nous n'allons pas en Italie, dit S. M., fomenter le désordre, ni déposséder les souverains, ni ébranler le pouvoir du Saint-Père que nous avons replacé sur son trône. »

Un de ses ministres, s'adressant aux évêques, calmait aussi en ces termes remarquables, les inquiétudes des consciences catholiques :

« Le prince qui a ramené le Saint-Père au Vatican, *veut* que le chef suprême de l'Église soit respecté *dans tous ses droits de souverain temporel.* »

Plusieurs déclarations faites par les organes du gouvernement devant le Corps législatif, vinrent encore à l'appui de ces solennels engagements.

Ainsi, à ce moment-là, où le besoin de la théorie des *intrigues des partis* ne s'était pas encore fait sentir, le gouvernement lui-même reconnaissait à l'épiscopat, au clergé tout entier, aux catholiques, le droit de s'alarmer. Et le premier, il s'empressait de dissiper ces alarmes sans songer à y voir une manifestation d'hostilité ni une manœuvre politique. Non, la bonne foi des catholiques ne fut pas suspectée, et les assurances que le gouvernement impérial crut devoir leur donner alors spontanément, sont la meilleure attestation de la sincérité de leurs alarmes d'aujourd'hui.

A côté du but légitime et glorieux de la guerre d'Italie, voilà donc quel était le danger prévu ; mais danger qu'on pouvait regarder comme conjuré d'avance par l'Empire, puisque l'Empire déclarait sa volonté de faire respecter le chef suprême de l'Église *dans tous ses droits de souverain temporel.*

IX

Et pourtant qu'est-il arrivé ?

Le chef suprême de l'Église n'a pas été respecté dans tous ses droits. La volonté de la France est demeurée en partie stérile.

Le Piémont était faible, nous l'avons secouru ; devenu fort grâce à nous, il s'est retourné bientôt contre un plus faible que lui. Et cette fois, nous avons laissé faire le plus fort contre le plus faible. Nous nous étions interposés généreusement entre le Piémont et l'Autriche ; nous sommes restés inactifs quand le Piémont, accru par nos armes, s'est jeté sur les États de l'Église. Nous avions tiré l'épée contre l'Autriche, nous nous sommes croisé les bras pour le Pape lorsqu'une moitié de ses domaines lui a été enlevée.

Au Piémont nous avions donné notre sang, au Pape nous avons donné nos conseils : conseils de soumission à l'invasion, de concessions devant la révolte fomentée par les armes et l'argent du dehors.

Puis nous avons invité le spolié et le spoliateur à s'arranger ensemble.

Celui-ci ne le voulait pas, celui-là ne le pouvait. Le premier restait digne et ferme sur son droit ; le second s'enorgueillissait déjà de sa force. Le Piémont répondit : Je ne m'arrêterai pas ; je n'ai encore pris que la moitié, je veux le tout.

La violence poursuivit sa marche ; la France lui infligea un blâme ; ce fut tout.

Mais la France, nous dit-on, ne pouvait rien de plus. Pouvait-elle se retourner contre ses frères d'armes de la veille, et après s'être battue pour les Italiens, se battre contre eux ?

La France, non-seulement peut, mais doit repousser les outrages, de quelque côté et à quelque moment qu'ils lui viennent. Or, n'était-ce pas un outrage de la part du Piémont que de tromper la France en prenant pour lui les Marches et l'Ombrie après avoir promis à l'Empereur, à Chambéry, de les défendre contre la révolution ? Si le Piémont a joué à ce point la France, il était d'autant plus coupable et méritait un châtiment d'autant plus prompt, qu'il était notre obligé, et nous devait déférence et gratitude.

Le Piémont ne savait-il donc pas que la cause de l'Église et de l'indépendance du Saint-Siége nous était encore plus chère et plus sacrée que la cause de son agrandissement ?

X

En réalité, la guerre eût-elle été nécessaire ?

Nous ne le croyons pas. A moins que le Piémont ne fût résolu à se montrer le plus ingrat, le plus dangereux des voisins, et, par conséquent, le moins digne de ménagements, une parole ferme, prononcée à temps eût suffi.

Qu'on essaie de faire entrer ceci dans l'esprit d'un simple paysan français : que le Piémont aurait pu violer la consigne de la France, si un caporal et quatre hommes détachés à la frontière pontificale lui avaient exhibé un ordre portant ces mots : *On ne passe pas*, signé : *Napoléon*. Le bon sens ne l'admet pas ; le patriotisme se refuse à le croire (1).

(1) Cette remarque est si juste que nous en trouvons, après avoir écrit ces pages, la confirmation pratique dans le discours que M. Keller vient de prononcer devant le Corps législatif. Voici, en effet, ce que cet honorable député a dit :

« Ce n'est pas une armée, ce n'est pas une division qu'il a fallu pour arracher au Piémont Terracine, Viterbe et les quinze mille Napolitains sortis de Gaëte ; il a suffi d'un officier arrivé en poste, et ces faits sont tellement connus que je ne me crois pas indiscret en disant à la Cham-

Mais si, après une injonction si formelle, le Piémont, par impossible, avait passé outre, qui donc n'eût été saisi d'indignation et n'eût applaudi à une guerre de huit jours pour faire respecter la volonté de la France?

XI

Mais le fait est là : les États de l'Église sont envahis. Le spoliateur, qui ne se contente pas d'une moitié, s'apprête à prendre le tout. En attendant, nous sommes à Rome, sans savoir encore bien positivement si nous y resterons, ou du moins jusqu'à quand nous y resterons.

bre qu'ils m'ont été confirmés récemment de vive voix par l'honorable général qui, à Rome, remplit avec tant de zèle et d'abnégation la mission qui lui a été confiée.

« Le général de Goyon me disait que toutes les fois que ses instructions lui permettaient d'élargir le cercle où ses troupes étaient placées, il envoyait un fourrier aux Piémontais, et que sur-le-champ les Piémontais reculaient. Il ajoutait que quand le Saint-Siége lui demandait davantage, il se retranchait dans le principe de non-intervention.

« Ainsi, Messieurs, vous voyez que pour faire reculer les Piémontais il ne fallait qu'une chose : le vouloir. »   (*Séance du 13 mars.*)

De quelque manière que les événements aient été amenés, nous nous trouvons « dans une situation déplorable, à laquelle, suivant l'expression d'un ministre, nous sommes *acculés* (1). »

Or quel effet cette situation produit-elle sur le pays?

Y a-t-il des mécontents? Est-il faux, comme l'ont affirmé des organes du gouvernement, qu'il y ait de l'agitation?

Le gouvernement est assurément bien placé pour connaître la vérité sur ce point ; mais ne serait-il pas étrange que l'existence de la Papauté temporelle fût mise en question en France sans y causer la moindre agitation?

On dit encore : s'il y a une agitation, elle est factice et très-limitée ; elle ne provient que des intrigues des *anciens partis*, qui se couvrent du masque de la religion.

Prenez garde ! Au début de la guerre, vous admettiez les inquiétudes des catholiques. Vous avez fait des promesses pour apaiser des alarmes dont la bonne foi n'était pas alors contestée. Parce que ces alarmes n'ont été que trop justifiées, est-ce une raison pour en méconnaître aujourd'hui la sincérité et en nier jusqu'à l'existence ? Prétendriez-vous qu'il n'y a de catholiques que dans les *anciens partis*, et que c'était aux *anciens partis* que s'adressaient les assurances données par l'Empereur à la nation, par les ministres au Corps législatif et au clergé? Oseriez-

(1) Discours de M. Baroche, dans la séance du Sénat du 6 mars.

vous soutenir qu'aucun catholique, partisan sincère de l'Empire, n'a manifesté des inquiétudes ?

Dans ce cas, tout l'Épiscopat, tout le clergé, tous les catholiques qui remplissent nos églises, appartiendraient donc aux *anciens partis !* Ces fameux *anciens partis*, ces intrigues *empruntant le masque de la religion*, il faudrait donc les supposer jusque dans les pays étrangers, jusque dans le Nouveau-Monde et partout où s'étend la catholicité !

Invention transparente et vaine !

Non ! les *anciens partis* ne sont pas si puissants, ni les catholiques du monde entier si dociles à leurs voix.

Une inquiétude sérieuse s'est emparée de tous les fidèles, à quelque opinion politique qu'ils appartiennent. Une agitation réelle règne dans les consciences ; et il y a lieu de s'étonner qu'un pareil fait ne semble pas fort naturel au sein d'un pays catholique comme la France.

XII

Nous irons plus loin et nous dirons :

Non-seulement il y a des esprits agités, des consciences inquiètes ; mais c'est dans la partie de la nation qui a le plus contribué à créer l'Empire et sur laquelle l'Empire a le plus d'intérêt à s'appuyer, que nous signalons l'agitation et l'inquiétude.

En effet, nous avons établi que c'est la masse conservatrice et religieuse qui fit sortir de l'urne électorale le nom de Napoléon. Nous avons démontré que l'Empire a eu principalement pour mission de sauver la France du désordre et de contenir la Révolution.

Eh bien ! quels sont, en présence des faits actuels, les sentiments des conservateurs et des gens religieux ? Peut-on en douter ?

Croit-on que, si le scrutin de 1848 était à recommencer, et si des noms comme ceux de Garibaldi, de Cialdini, de Cavour ou même de Victor-Emmanuel pouvaient être offerts en France à l'élection, les sept millions de suffrages se porteraient sur Victor-Emmanuel, Cavour, Cialdini ou Garibaldi ? Assurément non. Pourquoi ? Parce que les événements que nous avons vus dernièrement s'accomplir nous montrent dans ces personnages des instruments volontaires ou involontaires de la Révolution ; parce que l'opinion publique ne croit pas se tromper en apercevant derrière eux le type révolutionnaire par excellence, Mazzini ; parce que ce qu'ils font, c'est ce que Mazzini ferait ; parce que le but qu'ils avouent hautement, c'est Rome, Rome que nous avons, en 1849, arrachée à Garibaldi et à Mazzini pour la rendre au Pape, et que Cavour et Garibaldi vont bientôt nous prier poliment de leur rendre, afin d'y installer Victor-Emmanuel roi d'Italie.

Encore une fois, est-il possible de douter que tout cela répugne à ce qui reste encore en France de conservateurs, catholiques ou non?

Le discours du Prince Napoléon au Sénat comble de joie M. Ratazzi, qui s'écrie : A nous bientôt Rome et Venise ! Laissons de côté Venise et ne nous occupons que de Rome. Croit-on sincèrement que les conservateurs et les catholiques de France partagent la joie de M. Ratazzi ?

Les conservateurs ne peuvent s'empêcher d'appeler révolutionnaire au premier chef la politique qui vise à détrôner le Pape pour faire de Rome la capitale officielle d'un royaume d'Italie impossible ; ils se disent que la France ne peut donner la main à de pareilles aventures, où s'abîmerait, avec le droit et la justice, la sécurité de l'Europe.

Les catholiques, qui voient dans le maintien de la Papauté temporelle un intérêt supérieur à toute chimère d'unité italienne, protestent de toute la force de leurs convictions religieuses et politiques, contre la consommation des projets piémontais. Ils ne croient pas à ce rêve de deux puissances se partageant la Ville éternelle, de deux majestés se regardant face à face, l'une éclipsant nécessairement l'autre. Et la majesté la plus imposante ne serait pas celle du roi, mais bien celle du Pontife. S'il y a deux Romes, ce n'est pas le Tibre qui les sépare, et l'on ne peut imaginer qu'une Rome des Catacombes au-dessous d'une Rome usurpée.

Ainsi tous les vrais conservateurs, qui aiment la liberté mais non la licence, s'accordent à demander, au nom de l'honnêteté publique, au nom du droit, au nom des intérêts religieux, que l'*élément révolutionnaire*, suivant l'expression de la brochure de 1859, ne prédomine pas en Italie après que la France a fait tout ce qu'elle devait pour donner satisfaction à l'*élément national.* Que le gouvernement impérial tienne les engagements qu'il a contractés avant la guerre. Si *le désordre* a été *fomenté*, si le *pouvoir du Saint-Père* a été *ébranlé*, que ceux qui ont commis la faute la réparent. La France, comme l'a dit un de ses ministres, voulait que le chef suprême de l'Eglise fût « respecté dans tous ses droits de souverain temporel.» Elle le veut encore, et de quelque longanimité qu'elle ait fait preuve jusqu'ici, elle a le droit et le devoir, dans une cause si capitale, de faire exécuter sa volonté.

Voilà quelle est, sur les événements actuels d'Italie, la pensée de tous les catholiques, de tous ceux qui tiennent pour la liberté et répudient la révolution.

XIII

Mais ce n'est pas là, il faut le dire, la seule impression produite en France par les mêmes faits.

Tout un parti y a applaudi avec une joie significative et qui devrait être d'un clair enseignement.

Les hommes impatients de toute autorité, les ennemis secrets ou avoués de tout pouvoir, les esprits ouvertement hostiles au catholicisme, à l'influence religieuse, voilà les plus bruyants approbateurs de la politique piémontaise. Rien ne les réjouit davantage que l'espoir du prochain renversement de la Papauté. Ils se croient enfin au but de tous leurs désirs : Rome sans Pape, en attendant la révolution partout.

Telle n'est pas, sans doute, la pensée de tous ceux qui défendent, justifient ou excusent le Piémont. D'éminentes et honnêtes intelligences peuvent absoudre Victor-Emmanuel sans se croire pour cela révolutionnaires. Il n'en est pas moins vrai que les révolutionnaires marchent à leur tête ; cela seul devrait leur donner à réfléchir.

Qu'on le sache ou qu'on l'ignore, souscrire à la chute de la Papauté, c'est signer des deux mains le premier article du programme de la révolution.

Or, personne ne prétendra que la Révolution soit l'alliée la plus utile, et les révolutionnaires les plus sincères amis de l'Empire.

Pourquoi donc pousser l'Empire à faire exactement ce que médite, ce que souhaite, ce que veut la Révolution ? Pourquoi sembler hésiter entre les deux politiques, celle des mazziniens et celle des conservateurs ? Pourquoi les ministres, tout en rappelant devant les Chambres les titres incontestables de l'Empire à la reconnaissance de la Religion, et en revendiquant pour lui l'honneur d'avoir rétabli l'ordre, ont-ils laissé à d'autres le soin de défendre la Papauté contre les attaques révolutionnaires? N'est-il pas étrange que la politique de l'expédition de Rome, en 1849, soit devenue, en 1861, une politique d'opposition? Et les conseillers de l'Empire ne devraient-ils pas, à voir qui les applaudit, se demander qui ils servent?

XIV

Mais l'Empire n'a pas dit son dernier mot sur la question de Rome. Nos troupes, renforcées, continuent de protéger le Vatican, et leur vigilance s'étend encore sur tout le patrimoine de saint Pierre. Nous n'avons pas le droit de préjuger quelles seront les décisions impériales lorsque le roi proclamé d'Italie viendra frapper à la porte de la capitale de la Catholicité, gardée par nos armes. Tout en déplorant bien haut la tolérance qui a permis au Piémont de s'emparer de plusieurs provinces du domaine de l'Église, nous ne devons pas oublier qu'il y a là une situation violente, irrégulière, contre laquelle la

France a protesté, et que l'Europe n'a pas reconnue.

L'unité italienne n'est pas encore devenue un fait; on peut même croire qu'elle demeurera longtemps une théorie, après avoir été momentanément une tyrannie.

Mais un jour viendra où l'opinion générale appellera enfin une solution de cette terrible question d'Italie; et qui sait ce que fera alors la France, ce que fera l'Europe?

Tout ce qu'on peut dire aujourd'hui, c'est que l'avenir est réservé.

Il est donc temps encore pour les catholiques d'espérer, pour l'Empire de se décider.

Résumons-nous :

L'Empire est d'origine populaire, mais il s'est fait contre la Révolution.

Il appartient donc aux conservateurs et non aux révolutionnaires. Il doit ne jamais cesser de combattre ceux-ci en s'appuyant sur ceux-là.

Or, dans la question actuelle, que veulent les révolutionnaires, que veulent les conservateurs ?

Les révolutionnaires demandent à l'Empire de livrer Rome, de sacrifier la Papauté. Jusqu'au dernier moment nous croirons qu'ils font injure à l'Empire.

Les conservateurs, au nom de tous les principes

d'ordre social, au nom des intérêts les plus précieux de la religion, qui sont aussi ceux de la liberté, demandent le maintien de la Papauté temporelle dans tous ses droits. Ce sont les conservateurs que l'Empire doit écouter, qu'il est intéressé à satisfaire.

Les révolutionnaires ne peuvent prétendre à être considérés comme les meilleurs appuis d'un trône, surtout lorsqu'ils réclament le renversement du plus sacré des Trônes.

Les alliés naturels et les moins suspects de l'Empire ne sont-ils pas, au contraire, les conservateurs et les catholiques, qui défendent aujourd'hui l'autorité dans l'Église après s'être montrés, il y a douze ans, les plus empressés à relever l'autorité dans l'État ?

L'Empire n'est donc pas la Révolution ; mais si l'Empire lui cédait Rome, la Révolution se croirait l'Empire.

FIN.